ADVIS

SVR LE FAICT

DES DVELS.

A Messieurs des Estats.

A PARIS,

De l'Imprimerie de FRANÇOIS IVL-
LIOT, rue du Paon, au Soleil d'or:
tenant sa boutique au Palais, sur
le premier perron de la
grand' Salle.

M. DC. XV.

Auec Priuilege du Roy.

ADVIS
SVR L'EDICT
DES DVELS

A PARIS,
De l'imprimerie de François Iuliot,
rue du Lion, au coin de la ruë
ment boutique à l'Olivier,
le premier pilier de la …

ADVIS
Sur le faict des Duels.

N vn Estat bien poli-
cé les bons Conseils
ne doiuent estre re-
cópensez, ny les mau-
uais punis : Pource
qu'ils auroient néces-
sairement à estre authorisez ou im-
prouuez par l'humeur presente, ou par
l'euenement, Iuges egalement subiets
au hazard. Les bons Aduis ne deuans
non plus estre retenus de crainte que
sollicitez d'esperance, mais la liberté
honneste en deuant estre en commun,
principalement en ce Royaume & en
ceste Nation loüee pour sa franchise &
pour son affection enuers son Prince:
où il a esté tousiours permis à chacun
de proposer ce qui luy a semblé expedient: Ce qui enhardira cestuy-cy, qui
n'a pour cause qu'vne affection sincere,
pour but qu'vne manifeste vtilité de

l'Estat, de sortir en public, puis qu'il est
sur vn mal public, asseuré sinon d'estre
loüé pour son vtilité, au moins d'estre
excusé pour sa bonne intention.

Il n'y a personne ie m'asseure qui
ne deplore la miserable condition de la
Noblesse Françoise qui void, mesme
malgré soy, les loix de sa profession di-
rectement opposees à celles du Chri-
stianisme, & qui ne se recognoist que
trop inuincible à tout le monde, si elle
n'estoit malheureusement vaincue par
elle mesme, quand s'imaginant que le
poinct d'honneur consiste à ne sçauoir
mespriser vne chose ou parole de neat,
& à mettre pour l'imprudéce d'autruy,
pour vn mot ou mal dict ou mal enten-
du, sa vie & son ame au hazard, comme
s'il n'y auoit plus d'ennemis de l'Estat
ou de la Foy, elle va forcenee contre
Dieu, contre le Roy, contre elle mesme, foulant aux pieds toute humanité,
toute raison, toute loy diuine & humai-
ne: & se souillant les mains dans son
propre sang, d'vne manie & d'vne rage
si constante & si vniuerselle ruiner &
abattre faute d'autres ennemis, ce no-

le pillier de la France, voire de la Chre-
stienté. Il n'y a personne pourtant qui
iusques icy y ait ou trouué ou apporté
aucun secours suffisant, l'aspreté du
mal ayant surmonté la force des remedes, & la maladie s'estant plustost ir-
ritée par sa cure. Car apres defenses sur
defenses, Edicts sur Edicts, ce qui n'e-
stoit que meurtre auparauant, est deue-
nu de plus desobeyssance au Prince,
ains reuolte & pure rebellion: En quoy
nonobstant, la Noblesse est-elle digne
de quelque loüange meslee de compas-
sion, d'aller tant estimant ceste vertu
qui l'a esleuee au dessus du commun,
qu'elle se iette à corps perdu par tout
où elle en apperçoit quelque ombre, au
preiudice mesme du respect qu'elle
porte aux Ordonnances de celuy dont
elle soustient le Throsne, & aux despés
de sa vie, de ses biens, de sa conscience,
& de son vray honneur, qu'elle aban-
donne sans y penser, pour en suiure l'apparence, & le phantosme que quelque
meschant demon, ou vengeance diuine
luy met artificieusement deuant les
yeux, pour rauir à Dieu, non vne partie

de ſes ames, & au Roy non quelques-
vnes de ſes perſonnes, mais pour perdre le total entierement, ſi le Ciel ayant
compaſſion de noſtre malheur, n'arre-
ſte bien toſt côme par miracle le cours
de ceſte furie. Car ainſi qu'il n'eſt poſſi-
ble de s'arreſter en vn precipice : qui
empeſche à ceſte heure que ceſte gene-
reuſe Nobleſſe, la terreur du Croiſſant,
l'aſſeurance des François, l'effroy des
Nations eſtranges, & qui n'a rien à redoubter que ſes propres efforts, ne ſe
defface par ſes propres mains en vn ſeul
iour? N'agueres c'eſtoient des duels &
des combats ſinguliers, à preſent ce
ſont des combats en foule, des petites
batailles ; & deſormais ſi on n'y met la
main, qui empeſchera que ce ne ſoient
des armees complettes & des batailles
rangees, que la faute d'amis ou de
moyens? puis que l'on en eſt deſia venu
iuſques là, qu'encores qu'il n'y ait que
les animaux timides qui s'accompa-
gnent, & qu'il y ait ou de la puſillanimi-
té de ne ſe fier pas aſſez ſur ſoy de ſa vie
& de ſon honneur, ou bien de la teme-
rité de s'en refier trop ſur autruy, on ne

laissent neantmoins par vne barbarie estran-
ge d'aller enueloppant en sa peine des
personnes innocentes de la faute, &
tousiours & plus volontiers ses plus in-
times, qui souuent sans haine, sans cho-
lere sans offense, sans vindicte, tirez sur
le pré par la tyrannie d'vne vaine ima-
gination d'honneur, vont mettre en
compromis leur propre salut, & enfer-
rer leur ame par le corps quelquefois
de leurs meilleurs amis.

Les Estats seuls, selon le iugement
du feu Roy de tres-glorieuse memoire
HENRY LE GRAND, sont les vrais
Medecins qui peuuent en guairissant
ceste pernicieuse maladie, obliger en
mesme temps la Religion, la France, &
ceste valeureureuse Noblesse vaillante
contre soy mesme, & seule produicte en
exemple de cognoistre son mal, & de
n'en rechercher le remede. Car si ce
mal inueteré peut vne fois pour la punition de nos pechez surmonter l'effort
d'vne si celebre Compagnie, se rendant
victorieux de sa suffisance & de son authorité, il n'y faut iamais plus esperer de
guairison, ains il prendra plus de force &

de credit dans les esprits, & ietter de
plus profondes racines qu'auparauant,
côme les grands pauls qu's'affermissent
par l'esbranlement & par l'agitation.

Le Prince y a apporté d'vn costé la se-
uerité des peines, de l'autre l'esperance
de la permission des combats: Le Clergé y a adiousté & les censures pendant
la vie, & la priuation de sepulture apres
la mort: & neantmoins rien n'a peu encores toucher le mal iusqu'au vif, d'autant que si long temps que l'interest de
l'honneur sera attaché à ceste malheu-
reuse action, la Noblesse foulera tou-
jours aux pieds toutes considerations
des biens, de la vie, & de l'ame mesme,
tant elle se monstre considerante enuers l'opinion des hommes, & braue à
l'encontre de Dieu; les plus sages d'en-
tre elle se laissans plustost aller à l'ima-
gination d'autruy qu'à leur propre
science & raison, & faisans plus d'estat
de la creance & de l'estime de ceux
qu'ils n'estiment point, que de leur propre conscience & des reigles du vray
honneur. Ce que ie laisse à penser si on
doit plustost imputer à crainte qu'à
courage?

courage. De sorte que le dernier re-
tranchement de nostre esperance consiste, comme disoit le feu Roy, en vne
declaration publique de la Noblesse en
pleins Estats generaux, Que le vray
honneur ne gist pas tant a repousser
vne iniure, qu'à n'en faire à personne,
& à conseruer sa vie & son courage
deubs au Roy & à la Patrie, pour vne
bonne occasion, & pour vne iuste fin,
& non pas à en frustrer le public & le
Prince, pour vne chose legere, & parole ou mal proferee ou mal prise : ladite
declaration estant accompagnee de bons
Reiglemens du Roy, tant pour chastier
de honte l'aggresseur, (ce à quoy on
doit sur tout auoir esgard) que pour
donner ordre qu'il y ait de l'honneur
à l'offensé de demander reparation du
tort pretendu luy estre faict: Messieurs
les Gouuerneurs des Prouinces, Messieurs les Mareschaux de France, & autres Officiers de la Couronne, les Lieu-
tenans de Roy, les Gouuerneurs des
places les plus proches en leur absence,
quelques vieux & sages Gentilshommes deleguez pour cest effect, deuans

receuoir les plaintes de l'offensé, auec
pouuoir & commission tres particulie-
re, d'estre fort rigoureux contre l'aggresseur. Car n'y ayant que deux causes
du Duel, le desir de vengeance, & l'opinion que l'honneur nous oblige à ti-
rer la raison d'vne offense, on satisfera à
ces deux desirs, & par la punition hon-
teuse de celuy qui aura offensé, & par la
demande de ceste reparation, par des
voyes honorables estans commandees
par le Prince, & telles recogneues par
la Noblesse assemblee en corps, qui seule se peut guairir soy mesme, si vne fois
elle veut & ose autant recognoistre sa
maladie en general, côme chacun d'en-
tre elle l'aduoue & en gemit en particulier. Protestant par ceste declaration
authentique qu'estant mieux informee
que par le passé, elle ne iuge plus que
l'honneur & le courage côsistent à mespriser les loix de son Prince, & les ordonnances de Dieu; & qu'elle ne recognoist plus d'honneur, ny à faire ny à
receuoir vn appel, qui l'appelle contre
Dieu, contre le Roy, contre les loix,
contre soy mesme, & pour passer des

peines presentes aux peines eternelles.
Suppliant tres-humblement sa Majesté
de n'estre en quelque façon desormais
cruelle contre le corps dont elle est le
chef, par trop d'indulgence, la clemen-
ce deuenant cruauté quand par le par-
dõ d'vn seul on en rend plusieurs coulpables; & de ne departir iamais aucune
grace, soit en consideration des serui-
tes, du merite, de la maison, ou des
qualitez de personne, ou pour quelque
cause que ce soit: le reiglement ne tou-
chant aucun particulier, s'il ne touche
tous les particuliers, personne n'osant
auec honneur (secret de ceste affaire)
craindre ce qu'vn autre peut impuné-
ment mespriser, de peur que l'on n'estime que son obeyssance soit causee plustost par faute de courage que d'esperance de faueur & d'impunité: la con-
trainte en ce faict cessant d'estre con-
trainte, si elle n'est & inuiolable & vniuerselle. Promettant aussi ladite Noblesse de sa part, que si quelqu'vn d'en-
tre elle s'oublie tant que de contreue-
nir & à ce qui aura esté resolu par elle
en corps, & à ce qui aura esté comman-

dé par ſa Majeſté, que perſonne ne fera
demander ny ne demandera pour ſoy
ny pour autruy aucune remiſſion, mais
qu'elle eſtime au contraire expedient
& pour le public & pour elle meſme
d'encourir les peines appoſees à l'Edict
qui ſera faict par le Roy ſur ce ſujet.

Vne grande difficulté s'offre main-
tenant à en trouuer, & qui ſoient aſſez
douces pour n'eſtre relaſchees du Roy
au téps où ſommes, & aſſez ſeueres auſſi
pour n'eſtre point meſpriſees de la Nobleſſe. Car iaçoit que l'on ait eſtimé que
la violence des remedes ait deu ſurpaſ-
ſer celle du mal, il y a neantmoins & vn
peu de rigueur, & beaucoup de dom-
mage à diminuer le nombre de ces perſonnes ſi importantes à l'Eſtat, en per-
dant vne partie pour ſauuer l'autre. La
peine de mort outre cela ne ſe pouuant
à preſent en façon quelconque & ne ſe
deuant auſſi par pluſieurs raiſons eſten-
dre pour touſiours à toute ſorte de perſonnes, & en vn mal autant ou plus à
pleindre qu'à chaſtier, tous nos efforts
deuans pluſtoſt eſtre portez à chaſſer
la maladie & eſpargner le malade. Celle

du banniſſement outre ce qu'elle eſt
trop legere pour eſtre redoubtee d'vne
Nobleſſe deſia aſſez encline à voyager,
& qui aimeroit mieux viure dehors le
Royaume en ſortant auec ceſte imagi-
nation d'honneur, que d'y demeurer
auec vne opinion d'ignominie, puni-
roit trop rigoureuſement l'Eſtat de la
faute des particuliers, en peuplant les
pays eſtranges de ceſte inuincible Nobleſſe, & encore rendue ennemie par
ceſte ſeuerité. Quant à la confiſcation
des biens, ou amẽde pecuniaire, le Roy
ne voulant s'enrichir de la faute des
Gentilshommes, & y ayant trop de rigueur de punir les enfans pour le crime du pere; conſiderera encore s'il luy
plaiſt que l'vne de ces peines, la premiere ne regardant nullement les pauures,
& l'autre ne concernant les riches (vn
nouueau Nerace ſe pouuant faire ſui-
ure auec le prix & le pardon de ſa faute)
elles ne touchent perſonne, nul ne ſe
pouuant croire forcé à la reformation
que meſme il deſire, ſi quelqu'vn s'en
peut exempter. De ſorte que de ces
trois peines l'vne eſtant trop rude pour

les particuliers, la seconde pour le public, & la troisiesme n'estant establie
pour aucun, puis qu'elle ne s'estend sur
tous: Quelques vns pourroient estre
d'aduis de la degradation de Noblesse,
à quoy ie ne trouue encore non plus
d'apparence; quoy que l'on puisse ce
semble alleguer l'exemple de Dieu, qui
nous a tous punis pour la rebellion de
nostre premier pere; & de Iosué qui
chastia la desobeyssance d'Acham par
commandement exprés de Dieu és enfans au berceau: Mais Dieu pouuoit
pour des raisons à nous incogneues, &
possible par celles mesme de sa miseri-
corde, faire mourir ces petits enfans
desia assez coulpables par le peché ori-
ginel, duquel la coulpe estant remise
par le remede de la Circoncision, il en
pouuoit retenir ceste peine pour satis-
faire à sa Iustice: & en Adam sa noblef-
se ayant commencé, si Dieu a retiré iu-
stement les belles qualitez dont il l'a-
uoit ennobli, nous ne nous pouuons
plaindre de n'auoir les aduantages que
nostre pere ne possedoit lors que nous
sommes issus de luy, N'estant de mes-

me de faire perdre à toute vne race ſa
Nobleſſe pour le crime de celuy qui
n'en eſt pas la ſource, ains ſeulement ca-
nal pour la tranſmettre à ſes deſcen-
dans, & qui l'a receue de ſes peres, qui
pour leur vertu & la grace du Roy, ont
empreint en toute leur extraction ceſte
marque de Nobleſſe, que le temps ny
les hommes ne peuuent effacer, qui l'a
receue, dis-ie, comme vn depoſt qu'il
doit rendre à ceux qui viennent apres
luy, que vous ne luy ſçauriez arracher
ſans violer toute Iuſtice & diuine & hu-
maine, & qu'en puniſſant en ſa perſonne & les ayeuls qui ont bien ſeruy, & la
poſterité qui en eſt innocente. Ioinct
qu'ainſi qu'il ne faut abattre, ains re-
dreſſer l'arbre, & que le Medecin ne
veut tuer, ains guarir le malade: auſſi le
deſſein & le deſir du Roy eſt de corri-
ger, non de deſtruire la Nobleſſe: ceſte
pretieuſe & indelebile qualité n'eſtant
complice de la faute de celuy qu'elle
honore, & ne pouuát eſtre ſouillee non
plus que les rayons du Soleil par l'of-
fenſe de la perſonne à trauers laquelle
elle paſſe pour aller aux autres qui en

feront vn iour plus dignes; comme l'on
void souuent renaistre aux arrierefils
la vertu & la gloire de leurs ancestres.
Icy donc ie conjure tous les beaux esprits, & ceux qui ont, non plus d'affection au public, mais plus de prudence
& de loisir pour y aduiser que moy, de
cercher ou excogiter quelque peine de
la nature de celles que i'ay proposées
au commencement, sensibles à la Noblesse; & faciles à la bonté du Roy:
Quant à moy ie suis d'aduis qu'elles ail-
lent toutes à la honte; puis que l'opinion d'honneur cause nostre mal, &
que les courages vrayement nobles les
redoutent plus qu'aucuns supplices,
pertes, ou tourmens: ainsi qu'en Perse
iadis aux enfans de leurs Princes les pu-
nitions d'ignominie faisoient plus d'effect en foüettant seulement leurs rob-
bes, qu'aux esclaues en les frappant à
bon escient: estant aussi raisonnable que
celuy qui defend son honneur par des
voyes illicites, ou qui attente iniuste-
ment à la reputation d'autruy, courre
quelque risque de la sienne, afin qu'il
apprenne à maintenir honorablement

sa

sa renommée, ou à n'entreprendre meschamment sur celle d'autruy. Or ne seroit-ce pas vn grand creue-cœur à vn Gentilhomme de quitter l'espee, marque de sa Noblesse, & de quelque authorité concedee par le Prince? la puissance du glaiue ne se communiquant qu'aux Magistrats, soit qu'elle leur soit ottroyee ou pour faire obeyr le Roy dans son Royaume, ou pour maintenir l'Estat côtre ses ennemis:la raison voulant bien, puis qu'ils ont tourné ce priuilege & contre celuy qui le leur a donné, & contre le Royaume qu'ils doiuent proteger, qu'il leur soit osté le reste de leur vie, ceste punition ne passant la personne qui a delinqué; & neantmoins tres-fascheuse à celuy qui se void le demeurât de ses iours reduit au rang du commun: Et si dauantage on le declaroit descheu de toutes ses charges & offices, & incapable à l'aduenir d'estre admis à aucune dignité ny dedans ny dehors le Royaume: ainsi qu'on doit traitter tous perturbateurs du repos public, & infracteurs des Ordonnances diuines & humaines. Car i'esti-

me que si on est vne fois rigide d'vn
costé à dénier toutes les preeminences
d'honneur, & de l'autre inexorable à
relascher les peines de honte, on vien-
dra plus aisément au dessus de ce mal:
auquel puis que le malin esprit y a glis-
sé l'apparence vaine de Gloire pour l'e-
stablir, nous y deuons par vn stratage-
me contraire constituer & apposer de
la honte & de l'ignominie pour le de-
struire. D'autre part on pourroit en
certains cas permettre le Duel, pour
obuier d'vn costé aux assassinats, & de
l'autre rendre la plainte plus honora-
ble, comme vn acheminemet au com-
bat, si l'offense estoit iugee irreparable,
vn homme ne se pouuant battre qui
premierement ne se fust plaint: Car qui
s'asseureroit par autre voye de faire, au
preiudice des Ordonnances & au peril
des peines, venir sa partie sur le pré?
Mais le Clergé ne le peut ny ne le doit
conseiller, & nostre conscience ne le
permet: & d'ailleurs les trahisons & aduantages seront empeschez, quand le
desir de vengeance sera assouuy, & l'interest d'honneur mis hors par la gran-

deur de la reparation, qui deura touf-
jours exceder celle de l'offenfe, fi on
veut recercher le mal à fon origine, &
l'arrefter à fa fource. Et qui lors ie vous
fupplie cerchera autre moyen ou de fe
vanger, ou de reparer l'attentat faict
à fon honneur, quand il fera certain que
par l'eftabliffement que i'ay cy deffus
propofé deuoir eftre faict dedans les
prouinces, il fera & beaucoup mieux &
plus feurement vengé qu'il ne fe fçau-
roit faire, & le tort faict à fa reputation
plus que reparé?

C'eft à vous deformais, Nobleffe
inuincible, que i'addreffe mõ difcours,
moy qui ay l'honneur d'eftre de voftre
corps, & qui comme les autres empor-
té par l'erreur commun, n'ay pas touf-
jours efté entierement exempt de la
faute que ie blafme en noftre profef-
fion, combien que ie ne fuffe ny feul ny
le premier qui la deteftaft, ce que i'im-
pute pluftoft à foibleffe de courage
qu'à vraye generofité, d'eftre ainfi timi-
de enuers l'opinion de ceux dont nous
ne l'auons pas bonne, & de redoubter
le blafme des mal confeillez en bien

faisant : Car outre ce que la magnanimité consiste plus au mespris qu'au ressentiment de l'iniure, & que les sages nous disent, & c'est la verité, que nul ne peut estre offensé que par soy mesme, y auroit-il pas bien plus de valeur d'oser seruir d'exemple aux autres de s'affranchir de l'empire d'vne coustume si fort ennemie de la Religion & de l'Estat? Ceins-tu, ô Noblesse courageuse à ta ruine, ceins-tu donc ceste espee que tout le monde redoubte, pour faire obeyr le Roy, ou bien pour enfraindre la premiere ses Ordonnances les plus sainctes? Que dira la France nostre mere, qui se void ainsi mise en peril par ceux de qui elle tient & attend sa plus grande conseruation? Ne vous la representez-vous pas criante à haute voix: Est ce pour cela donc que le Genie tutelaire de cest Empire m'a conseruee iusques icy contre les estrangers pour perir sur la fin de mes iours miserablement par les mains de mes propres enfans? Et ne souhaiterois-ie pas plustost d'estre esteinte tout à faict & effacee du nombre des grandes & heureüses Regions de la terre, que de les voir ainsi rebelles à mō Roy & au leur, & de receuoir dans mon propre sein, sang illustre dont l'Idumee deurois estre teinte? Tournez, tournez plustost, mes enfans les plus chers, contre les Infideles ceste generosité naturelle, & ces armes, l'effroy du monde: C'est sur ceux là, ô mes pauures enfans abusez, qu'il faut destourner la passion de vengeance qui vous domine, en vengeant l'honneur de la Croix, & le sang de vos ayeuls. C'est contre ceux-là qu'il faut acquerir le vray honneur, en reiettant l'illusion presente & la vaine apparence qui vous esblouyt: C'est là où croissent les palmes tousiours verdissantes, & qui orneront vostre chef victorieux en ce monde cy & en l'autre.

FIN.

Extraict du Priuilege du Roy.

PAR grace & priuilege du Roy il est permis à François Iulliot Imprimeur & Libraire en l'Vniuersité de Paris, d'imprimer ou faire imprimer, & mettre en vente vn Aduis sur le faict des Duels, à Messieurs des Estats. Auec defenses à tous Imprimeurs, Libraires, ou autres de quelque qualité ou condition qu'ils soient, d'imprimer ny faire imprimer ledit Aduis cy dessus, le vendre ny faire vendre, debiter ny distribuer, sans le consentement dudit Iulliot, pendant le temps de six ans: sur peine aux contreuenans de quatre cens liures d'amende, de confiscation des exemplaires, & de tous despens, dommages & interests : comme il est plus amplement contenu és lettres données à Paris le 7. iour de Ianuier 1615.

Par le Roy en son Conseil,

BRIGARD.